ALLOCUTION

PRONONCÉE

AU SERVICE FUNÈBRE CÉLÉBRÉ POUR LE REPOS DE L'AME

DU

P. GRATRY

DANS

LA CHAPELLE DES RELIGIEUSES DE LA RETRAITE

LE VENDREDI 14 FÉVRIER 1873

PAR LE

P. ADOLPHE PERRAUD

PRÊTRE DE L'ORATOIRE, PROFESSEUR EN SORBONNE

Se donne au profit des pauvres.

PARIS

TYPOGRAPHIE GEORGES CHAMEROT

19, RUE DES SAINTS-PÈRES, 19

1873

LE P. GRATRY.

ALLOCUTION

PRONONCÉE

AU SERVICE FUNÈBRE CÉLÉBRÉ POUR LE REPOS DE L'AME

DU

P. GRATRY

DANS

LA CHAPELLE DES RELIGIEUSES DE LA RETRAITE

LE VENDREDI 14 FÉVRIER 1873

PAR LE

P. ADOLPHE PERRAUD

PRÊTRE DE L'ORATOIRE, PROFESSEUR EN SORBONNE

PARIS

TYPOGRAPHIE GEORGES CHAMEROT

19, RUE DES SAINTS-PÈRES, 19

1873

LE P. GRATRY.

ALLOCUTION

PRONONCÉE DANS

LA CHAPELLE DES RELIGIEUSES DE LA RETRAITE.

VENDREDI 14 FÉVRIER 1873.

Vendredi dernier, grâce aux soins pieux de la famille du P. Gratry, un service pour le repos de son âme a été célébré dans l'église des Missions. Tous, ou presque tous, nous y avons assisté, et nous avons payé à cette mémoire si chère le double tribut de nos prières et de nos regrets.

Mais, depuis longtemps, les Religieuses de la Retraite m'avaient demandé de convoquer dans leur chapelle les amis les plus intimes du bien-aimé Père, de les réunir ici pour prier ensemble, et aussi pour nous entretenir quelques instants devant Dieu, simplement et fraternellement, de celui que nous pleurons.

Cet appel vous a été adressé; vous êtes venus; et j'interromps la solennelle liturgie du sacrifice pour me recueillir avec vous devant le souvenir de l'ami absent.

I.

C'est dans cette chapelle qu'il y a vingt ans, pendant l'hiver de 1853-1854, le P. Gratry venait dire la sainte messe. Je me préparais alors au sacerdoce, et j'avais souvent le bonheur de la lui servir.

Plus tard, surtout dans ces dernières années, il aimait à y venir expliquer l'Évangile. Tout lui convenait ici : cette hospitalité religieuse, si intelligente, si cordiale, si dévouée à tout ce qui touche aux intérêts de la gloire de Dieu; ce recueillement qu'on respire, pour ainsi dire, dès qu'on a dépassé le seuil de cette maison, et qui prédispose l'âme à mieux entendre le langage de la vérité; enfin, jusqu'aux proportions de cette chapelle où il pouvait parler sans efforts, sans contention, s'abandonnant simplement, quelquefois de la façon la plus naïve, aux pensées dont il était préoccupé, et qu'il commentait à ses auditeurs sans plus d'apprêt qu'un ami qui converse avec des amis, qu'un père qui s'entretient avec ses enfants.

Et toutefois, vous vous en souvenez, quelle élévation dans cette simplicité! quelle chaleur communicative et bienfaisante dans cet abandon! quel don incomparable de pénétrer victorieusement jusqu'au fond des âmes et de les ravir, presque à leur insu, aux plus hautes pensées, aux enthousiasmes les plus généreux!

Un texte de l'Évangile, un fait contemporain, une comparaison tirée des sciences, un gracieux détail emprunté aux scènes de la nature, tout cela se mêlait, se fondait de la façon la plus originale, la plus saisissante, dans cet enseignement, auquel je puis bien appliquer ce mot de Leibniz que le Père aimait à citer :

« Il y a de l'harmonie, de la géométrie, de la
« métaphysique, et, pour parler ainsi, de la
« morale partout (1). »

Cet autre mot de Joubert lui était également familier :

« Il n'y a de beau que Dieu, et, après Dieu,
« ce qu'il y de plus beau c'est l'âme, et après
« l'âme la pensée, et après la pensée la parole.
« Or donc, plus une âme est semblable à Dieu,
« plus une pensée est semblable à une âme, et
« plus une parole est semblable à une pensée,
« plus tout cela est beau (2). »

Cette réflexion, si profonde et si délicate, exprime parfaitement ce qu'étaient la pensée et la parole du P. Gratry. L'une et l'autre étaient vraiment un cristal transparent au travers duquel on voyait Dieu ; non le Dieu abstrait des formules de la métaphysique, mais le Dieu vivant et aimant, le Dieu de l'Évangile, le Dieu qui bénit et embrasse les

---

(1) Leibniz, *Lettre à Bossuet*, 18 avril 1692.
(2) Joubert, *Pensées*, I, 38.

petits enfants, guérit les malades, console les pauvres veuves, et pleure sur Jérusalem coupable et endurcie.

Oui vraiment, chez le P. Gratry, la parole ressemblait à la pensée, la pensée ressemblait à l'âme, et cette âme, constamment nourrie de l'Évangile, avait quelque chose de l'ineffable tendresse et de la compassion de Jésus-Christ.

D'autres diront, en temps et lieu, qu'il fut un métaphysicien, un profond penseur, un écrivain original. « C'était un homme de génie, » me disait de lui notre vénérable archevêque, en le comparant à Malebranche.

Mais ici, j'aime mieux me rappeler qu'il fut bon, non d'une vulgaire et banale bonté; non de cette bonté purement humaine que les siècles sans foi appellent de la philanthropie; mais de cette bonté à la fois naturelle et surnaturelle qui était chez lui comme le reflet de la charité de Jésus-Christ.

Ah! sans doute, Dieu seul est bon (1), et les meilleurs des hommes ont leurs défauts, leurs

(1) Luc, xviii, 19.

faiblesses, leurs lacunes, leurs défaillances. Ce ne serait guère honorer la mémoire d'un homme qui a toujours eu un respect absolu pour la vérité que de le draper ici dans les plis factices d'une perfection de fantaisie. D'ailleurs, je ne viens pas faire un panégyrique : je parle simplement. Je ne veux ni ne puis oublier, surtout au milieu de nos augustes mystères, que nous ne devons pas nous lasser de recommander à l'infinie miséricorde ceux-mêmes qui nous ont paru les meilleurs et les plus grands. Ce serait bien mal leur exprimer notre reconnaissance, si, par de téméraires éloges, nous les privions d'une seule de ces prières que fait jaillir de toute âme chrétienne la redoutable incertitude où nous sommes toujours, dans la vie présente, à l'égard des jugements de Dieu !

Mais je puis répéter, sans craindre de manquer à la vérité, que l'exquise bonté d'âme du P. Gratry était due à son commerce continuel avec l'esprit et avec le cœur de Notre-Seigneur Jésus-Christ.

Ce sentiment inexprimable qu'avait un jour éprouvé le Sauveur en se voyant suivi par une foule affamée et défaillante : *Misereor super turbam* (1), était chez le P. Gratry à l'état d'habitude. C'était sa préoccupation dominante, sa constante inspiration, et comme le ressort intérieur qui le poussait à parler et à écrire.

Il avait pitié des hommes, de leurs ignorances, de leurs folies, de leurs vices, de leurs chagrins, de leur vie traversée par tant d'épreuves, de leur mort prématurée!

Il avait pitié de ces foules, encore non chrétiennes, qui s'acheminent comme des troupeaux vers la mort et vers l'éternité, sans savoir qui les mène ni où elles vont.

Aussi, avec quel intérêt, avec quel respect, avec quelle passion émue il lisait dans les *Annales de la Propagation de la Foi* les récits des courses des missionnaires, de leurs travaux, de leurs souffrances, de leurs combats!

(1) Marc, viii, 2.

C'est lui un jour qui, parlant du séminaire des Missions-Étrangères, employa cette originale et saisissante comparaison :

« Comme il y a des écoles spéciales où les
« jeunes gens vont étudier pour devenir ingé-
« nieurs, officiers d'artillerie, marins, il y
« a aussi à Paris une école spéciale où l'on
« apprend la science du martyre; du mar-
« tyre entrevu, prévu, désiré, en vue d'ar-
« racher aux maux de la vie présente et aux
« maux plus redoutables de la vie future, ces
« foules immenses qui naissent et meurent au
« milieu de toutes les horreurs et de toutes les
« dépravations de l'idolâtrie! »

Sa grande image de piété, celle devant laquelle il méditait, priait, travaillait, préparait ses discours et ses livres, c'était la mappemonde terrestre, surmontée du crucifix; la croix touchant le globe et le pénétrant; le sang de Jésus-Christ ruisselant de toutes ses plaies et de son cœur entr'ouvert, pour inonder le monde, éclairer, guérir, ressusciter les âmes!

Cette toute divine compassion du cœur du

maître pour tous ceux qui souffrent et sont opprimés, le P. Gratry cherchait à l'inspirer à tous ceux qui l'approchaient. Cela ne lui était pas difficile; car c'était bien chez lui que la bouche parlait de l'abondance du cœur. Non pas que ses sentiments intimes se répandissent en beaucoup de mots : il avait le don exquis de savoir contenir sa parole, et, par là, de la rendre plus substantielle et plus vivante.

Mais ce qu'il disait était si profondément senti ! Il mettait alors son âme dans l'âme de ses auditeurs, et, en quelques instants, tous ces cœurs vibraient à l'unisson. Tous avaient compassion des foules ! Tous avaient faim et soif de se dévouer pour faire un peu de bien, pour tarir quelques larmes, pour s'opposer au flot d'injustice qui dévaste et désole le monde.

« Malheur à la connaissance stérile, qui ne « se tourne pas à aimer ! » Ce mot de Bossuet, souvent rappelé par le Père, explique son genre d'action et d'apostolat.

Les émotions que sa parole laissait après elle dans les âmes n'étaient pas de ces sentiments factices, passagers, qu'un instant produit et qu'un instant fait disparaître, pluies d'orage qui battent la terre et ne savent ni la pénétrer, ni la féconder.

Non, c'était comme ces douces et chaudes ondées de printemps, qui tombent sans bruit et sans tempête, mais qui vont atteindre bien avant dans la terre les germes des plantes pour les décider à croître, à se montrer, à donner leurs fleurs et leurs fruits !

Oui, ce métaphysicien dont la pensée hardie semblait se complaire aux plus hautes spéculations de la philosophie ou de la géométrie, qui passait si aisément d'Aristote à Képler, et de Descartes à Leibniz, et dont on aurait dit parfois que le regard se perdait dans des régions inaccessibles aux esprits moyens, avait plus encore que la passion de la science, la passion toute divine de rendre, comme il le disait, « les hommes moins méchants pour les rendre moins malheureux, » de lutter contre l'ignorance pour tarir les sources du vice, et de réprimer le règne du mal, pour diminuer autant que possible celui de la douleur!

La vue des souffrances de la pauvreté l'attristait profondément, et, quand on allait le solliciter pour quelque misère, sa générosité n'avait pas de mesure.

Il y a quelque temps, un de ses anciens collaborateurs de Stanislas, entré depuis dans la compagnie de Jésus, et demeuré pour lui, à travers toutes les vicissitudes de la vie, un ami fidèle, m'écrivait un souvenir d'il y a trente ans. Il avait été un jour recommander au Directeur les pauvres secourus par la conférence de Saint-Vincent-de-Paul, formée par les élèves du collége. L'abbé Gratry ouvrit un tiroir, y prit à deux mains, et donna, sans compter, des pièces de cent sous. Que de fois je lui ai vu renouveler ces actes de charité, et donner ainsi, suivant le mot de l'Évangile, « une mesure pleine, pressée, débordante (1)! »

Le spectacle de l'oppression le bouleversait et lui causait un malaise fiévreux, qui lui en-

(1) Luc, vi, 38.

levait quelquefois tout repos, durant des semaines. Pendant ce temps, il n'avait pas d'autre idée, pas d'autre sujet de conversation. Ainsi, à l'époque des massacres de Syrie, en 1860, il avait toujours devant les yeux ces milliers de familles, égorgées comme au temps d'Hérode et des saints Innocents, par le fanatisme musulman.

L'année suivante, ce furent les drames sublimes de Varsovie, qui remplirent son âme à la fois d'horreur et d'enthousiasme; d'enthousiasme pour ce peuple qui se faisait tuer en chantant des cantiques ; d'horreur pour la politique sans principes et sans entrailles, qui pesait comme un déshonneur sur les peuples complices ou témoins du partage de la Pologne, ce crime que dans son langage saisissant il appelait *le péché mortel* de l'Europe contemporaine !

Pauvre Père ! ah ! qu'il a souffert, quand il a vu une double barbarie, celle de la guerre, contre laquelle il s'était élevé si souvent, et celle de la révolution en délire, couvrir de nouveau de sang et de ruines notre France tant aimée!

Ces désastres irréparables le plongèrent dans une sorte de stupeur. Il se sentait atteint jusque dans les dernières profondeurs de son âme. Il mêlait ses larmes à celles de toutes ces pauvres femmes qui pleuraient leurs fils, leurs maris, leurs fiancés!

Il souffrit plus encore, lorsqu'il apprit la terrible mutilation infligée à la France vaincue par le droit impitoyable du plus fort! Et ce ne fut pas seulement comme Français qu'il pleura avec nous les deux provinces dont nous portons le deuil, mais Strasbourg et l'Alsace lui rappelaient les souvenirs les plus sacrés de sa jeunesse.

II.

C'est à Strasbourg, en effet, qu'au sortir de l'École polytechnique, un appel mystérieux de la Providence l'avait conduit! C'est là qu'il avait trouvé un groupe d'âmes, au milieu desquelles allait éclore sa vocation au sacerdoce!

Là, près de ces jeunes hommes, ardents

comme lui, et comme lui uniquement désireux de se consacrer tout entiers à Jésus-Christ, il connut cette femme admirable, cette sainte, qui fut alors pour lui comme la mère de son âme!

Elle touchait déjà à la vieillesse, lorsque le jeune polytechnicien, arrivant à Strasbourg, quittait résolûment l'épée pour la soutane. Elle avait grandi au milieu des orages de la révolution. Elle en avait vu et touché de près les sanglantes horreurs. Jeune fille alors, elle avait eu à remplir une mission qui rappelle nos premiers siècles chrétiens, l'ère des Césars, et les glorieux mystères des catacombes.

Un vaillant prêtre, devenu depuis et mort évêque de Mayence, était resté à Strasbourg, pour se dévouer au ministère des âmes. A la faveur d'un déguisement, il pénétrait auprès des malades et les confessait. Mais, dans la crainte d'être surpris et de voir une profanation s'accomplir sur sa personne, obligé d'ailleurs, pour ne pas éveiller l'attention, de ne pas se présenter plusieurs fois de suite dans la même maison, il se faisait suivre dans ses visites apostoliques par Mlle Humann (1).

Celle-ci avait alors dix-neuf ou vingt ans. Le digne prêtre lui avait confié la garde du très-Saint-Sacrement. Jour et nuit, elle portait sur son cœur, renfermées dans une custode d'argent, les saintes Hosties destinées à la communion des malades. Munie de ce divin fardeau, la jeune fille se rendait dans les maisons qui lui avaient été désignées ; et, comme dans la primitive Église, c'était de ses mains virginales qu'elle déposait sur les lèvres des mourants le corps de Jésus-Christ.

O mon Dieu ! nous avez-vous trouvés indignes de garder la province qui a produit de tels prodiges de foi, de courage et de pureté ? Oh ! à cause de ces âmes, sinon à cause de nous, et aussi à cause de nous, qui avons tant besoin de populations chrétiennes, rendez-

(1) Sœur de l'ancien ministre des finances, sous Louis-Philippe. Dans son livre intitulé : *la Chrétienne de nos jours*, deuxième partie, lettre XVe, M. l'abbé Bautain a donné de touchants détails sur celle dont Dieu se servit pour l'arracher à l'incrédulité et le conduire au sacerdoce.

nous cette terre de sainte Odile, et cette Lorraine, voisine du berceau de notre Jeanne d'Arc!

Après la révolution, bien que possédant une fortune considérable, Mlle Humann avait refusé de se marier. Entre Jésus-Christ et ce cœur de vingt ans qui lui avait servi de tabernacle, une mystérieuse et indissoluble alliance s'était formée. Cette âme n'appartenait plus à la terre! Elle y demeura cependant encore assez pour que, quelques années avant de la quitter, il lui fût donné d'exercer une influence bénie sur le jeune lévite qui devait devenir plus tard le P. Gratry.

Un seul trait vous dira ce qu'étaient les relations de ces deux âmes.

Déjà, bien que plongé dans l'obscurité d'une vie de séminaire et voué aux plus rudes fonctions de l'enseignement secondaire, Alphonse Gratry laissait assez pressentir ce qu'il pourrait devenir un jour. Ce goût très-vif pour la philosophie et pour les lettres qui lui avait valu les plus légitimes et les plus brillants succès du concours général ; la connaissance approfondie des sciences exactes et naturelles qu'il avait emportées de son séjour à l'École polytechnique; par-dessus tout, la nature méditative de son esprit et les riches ressources de son cœur et de son imagination, tout montrait en lui un des hommes les mieux préparés à exercer une grande action sur son siècle par sa parole et par ses écrits.

Un jour, cependant, *la mère* l'appela. C'était le nom que ces jeunes hommes donnaient à la femme vénérée qui terminait sa noble carrière en inspirant, encourageant et bénissant les efforts de ce groupe d'ouvriers évangéliques.

La mère lui dit donc : « Alphonse, si Dieu
« voulait que vous fissiez le sacrifice absolu
« de tous vos projets de travail, s'il voulait
« que votre vie tout entière s'écoulât dans
« une obscurité profonde, dans l'humilité et
« dans la prière, vous sentiriez-vous le cou-
« rage de renoncer à toutes vos espérances,
« de vous séparer de vos amis, de ne plus me

« voir, moi qui suis comme la mère de votre
« âme, et d'aller vous ensevelir dans la soli-
« tude du Bischenberg ? »

Le Bischenberg était un couvent de religieux rédemptoristes, situé dans les montagnes, à quelques lieues de Strasbourg.

Alphonse se retira pour réfléchir à cette proposition aussi terrible qu'inattendue.

Comme il l'a dit lui-même dans des pages qui verront bientôt le jour, il lui sembla qu'on lui demandait de mourir. Mais, après avoir prié, il se dit à lui-même : « Quoi! si j'étais
« sorti de l'École polytechnique officier d'ar-
« tillerie, ne me serais-je pas trouvé quelque
« jour engagé dans une bataille, où il aurait
« fallu, sauf contre-ordre, me faire tuer sur
« mes pièces ? Et je n'aurais pas le courage
« d'accepter pour Jésus-Christ de mourir à
« mes espérances et à mes goûts! »

Et il accepta.

Le lendemain, il était au Bischenberg, et il y vécut de la vie la plus rude des novices de l'ordre, priant, jeûnant, méditant les Saintes

Écritures, résolu, si Dieu le voulait, à passer là toute sa vie.

Mais Dieu ne le voulut pas ; il avait voulu seulement, par l'intermédiaire de la sainte, dégager et purifier cette âme de toute pensée de vaine gloire, lui donner le courage de mourir à elle-même dans les profondeurs de la volonté, pour la rendre capable de faire ruisseler plus tard, sur d'autres âmes, la lumière et la vie !

La révolution de 1830 éclata. Le monastère du Bischenberg dut être évacué par les religieux ; et Alphonse Gratry retourna à Strasbourg, où il retrouva la mère et le groupe des amis, et où il se prépara à recevoir le sacerdoce.

III.

« Si le grain de blé, a dit le Sauveur, ne
« tombe en terre et ne meurt, il demeure seul;
« mais s'il tombe en terre et s'il meurt, il
« porte beaucoup de fruit (1) ! »

(1) JOANN., XII, 24.

L'inspiration si évidemment surnaturelle de Mlle Humann et les quelques mois de séjour au Bischenberg, dans une mort acceptée sans réserve, ont probablement, dans le plan de Dieu, préparé l'admirable fécondité sacerdotale de cette vie! Le grain de blé avait été mis en terre, et il y était mort: il allait produire trente, soixante, cent pour un!

Ceux d'entre vous qui ont le plus connu et pratiqué le P. Gratry, se sont-ils demandé quelquefois pourquoi il avait creusé avec tant de profondeur, analysé avec tant de justesse, expliqué avec une éloquence si émue, la grande loi du sacrifice comme condition essentielle de la vraie vie de l'âme? — Ah! c'est qu'il avait expérimenté lui-même cette loi, il en était la démonstration! C'est parce qu'un jour, il avait résolûment renoncé à toute activité extérieure, à toute parole, à tout éclat, à toute action sur les hommes pour demeurer enseveli avec Jésus-Christ, seul, derrière les murailles d'un monastère inconnu, que Dieu lui donna une parole si puissante, une action à la fois si étendue et si profonde, le don d'éclairer les âmes, le don meilleur de les transformer, en leur faisant accepter à leur tour les plus douloureux renoncements en vue du royaume de Dieu!

Dans le second volume de *la Connaissance de l'Ame* vous relirez ces pages si chaudes, si vivantes, où sous chaque mot on sent battre un cœur qui a trouvé par la mort la vie surabondante, ces pages sur *la Conscience et le Sacrifice* qui ont déjà décidé tant d'âmes, qui en décideront encore tant d'autres, à renoncer aux mensongères apparences de la vie du dehors, et à supprimer, par un énergique effort de la volonté, ces deux foyers ennemis, la volupté et l'orgueil, où la vie se disperse misérablement, afin de la ramener au centre, au cœur, d'où ensuite elle rejaillit comme centuplée, pour se communiquer et se répandre!

La transformation par le sacrifice, la transfiguration des âmes, des lettres, des sciences, des sociétés, en leur faisant accepter la croix de Jésus-Christ pour les délivrer du mensonge, de la servitude, de la bassesse, de l'ignominie, et les mener à la vie pleine, féconde, surabondante! Oui, c'était bien là le dernier mot de cette grande philosophie et comme la note dominante de cet enseignement si apostolique.

Grand esprit et grand cœur, qui depuis sa conversion à Dieu, au collége, à dix-huit ans, après une période d'incrédulité absolue, jusqu'à sa mort, c'est-à-dire pendant tout un demi-siècle, n'a pensé, écrit, prié, parlé, que pour travailler à cette transfiguration des âmes et du monde, dans la connaissance et dans l'amour de Jésus-Christ!

Grand cœur, en qui la divine compassion du Sauveur pour toutes les misères de l'humanité a été croissant jusqu'à la dernière heure! qui, dans la simplicité et l'énergie de sa foi, a trouvé le secret de ne pas désespérer, de ne pas renoncer à un progrès de lumière et de justice, et, au milieu même des heures les plus sombres, sous l'accablement des plus poignantes épreuves, d'être comme il nous le disait, trois jours avant sa mort, *rempli d'espérance.*

Ah! j'ai besoin de me rappeler ce grand exemple, pour accepter, sans murmure et sans défaillance, que Dieu nous l'ait repris à l'heure où la moisson de ses magnifiques inspirations allait devenir plus riche encore ; lorsque lui-même, ayant déjà un pied dans la tombe, nous disait qu'il n'avait « jamais eu plus d'idées que « depuis qu'il avait atteint l'âge de soixante « ans, » et où, malgré les horribles désastres de ce temps, il regardait avec espoir et saluait avec enthousiasme un avenir meilleur pour l'humanité !

Oui, au milieu de ces ruines qui nous environnent, quand le présent est si incertain, l'avenir si menaçant, quand on voit chez les hommes tant d'inintelligence, tant d'ineptes et de dangereuses passions, qu'il eût été bon de se serrer autour de cet apôtre au grand cœur, à l'âme si sereine, à la parole si persuasive ! Qu'il eût été salutaire, à son contact, d'apprendre à ne se pas décourager et à lutter quand même, pour le triomphe du bien !

Lui aussi, brisé et renouvelé dans sa vieillesse par le sacrifice purificateur de l'obéissance et de la courageuse humilité, plus grand dans la pratique de cette abnégation intellectuelle inspirée par son tendre amour pour l'Église, qu'il ne l'avait été aux jours de ses plus beaux triomphes littéraires, lui aussi, aurait trouvé de nouveaux accents pour nous encourager à l'effort, à la lutte, à la compassion évangélique, au dévouement sans réserve, à la foi vivante, à la prière qui transporte les montagnes, à cette entière pureté de cœur qui ne fait pas seulement voir Dieu, mais qui le donne, et, avec lui, le secret des vrais progrès!

Mais quoi! est-ce qu'il n'est plus avec nous? est-ce que tout est fini? Ne peut-il plus se faire entendre de nous et nous redire un vigoureux *sursum corda?*

Cependant, je me le rappelle, il y a huit ans, après la mort d'Henri Perreyve, ce fils, ce frère tant aimé de son âme et de la mienne, quand nous nous entretenions ensemble de ce vaillant soldat frappé si jeune sur le champ de bataille, quand nous cherchions à nous consoler avec les amis qui l'avaient connu (et parmi eux se trouvait alors ce noble cœur, cet ouvrier évangélique qui a eu le bonheur de réaliser plusieurs des grandes idées du P. Gratry, notre admirable Augustin Cochin), pour nous encourager et se fortifier lui-même, le Père nous rappelait une mystérieuse parole de saint Pierre :

« J'aurai soin, dit l'apôtre aux premiers
« chrétiens, de vous visiter après ma mort,
« pour vous rappeler ces enseignements (1).

N'est-ce pas lui encore qui, ici même, dans cette chaire, a dit cette gracieuse et consolante parole où son âme se peint tout entière :

« Si nous avions une foi plus vigoureuse, la
« mort ne serait plus qu'un voile semi-trans-
« parent, sous lequel nous sentirions, pour
« ainsi dire, les chères âmes que nous avons
« perdues, comme un petit enfant qui, jouant
« avec sa mère ou sa sœur cachée sous un
« tapis, la touche s'il ne la voit plus !

(1) I Petr., i, 14.

Ah! mon père et mon maître bien-aimé! depuis un an je ne vous vois plus! Mais mon âme a bien souvent senti la vôtre, et la vôtre, je l'espère, a plus d'une fois touché la mienne!

Et, en ce moment, il me semble que vous êtes si près de nous, si près de ces âmes qui vous aiment et qui sont venues prier pour vous! si près de cet autel où votre main sacerdotale a plus d'une fois offert la grande victime!

O mon père, que ma faible voix ne soit qu'un écho de la vôtre!

Et moi aussi, en votre nom, je veux exhorter ces âmes!

Je veux leur rappeler ce mot qui, passant du cœur de Jésus-Christ dans votre cœur, et de votre cœur dans le mien, m'a fait prêtre pour annoncer aux hommes l'Évangile de la divine lumière et de la divine compassion. *Amice, ascende superius* (1).

Luc, xiv, 10.

Mes amis, mes frères, voulez-vous honorer vraiment la mémoire du Père que nous pleurons?

Eh bien, je vous demande de monter plus haut!

Vous, âmes consacrées à Jésus-Christ, qui avez embrassé la vie parfaite, et foulé aux pieds le monde pour vous ensevelir dans le sépulcre fécond de la mort volontaire, montez plus haut encore, allez à des vertus plus complètes, à des audaces plus décisives pour entreprendre, par la prière et par le zèle, la conversion de l'humanité!

Vous, que vos devoirs retiennent dans le monde, vivez-y davantage de l'esprit de l'Évangile; dégagez-vous de tant de servitudes qui oppriment et étouffent en vous les meilleures inspirations de la grâce! Soyez le sel de cette terre affadie avec laquelle vous êtes en contact quotidien; soyez, par vos œuvres, la lumière de cette société si souvent ténébreuse, et obligez-la à glorifier votre Père céleste!

Vous, qui êtes riches, faites de votre or un

emploi plus évangélique, au lieu de le jeter en proie à ces passions et à ces sottises que notre ami comparait si éloquemment aux faux dieux du paganisme antique.

Vous, femmes chrétiennes, multipliez par le dévouement ces admirables ressources de cœur que Dieu vous a données; allez essuyer les yeux qui pleurent, consoler les âmes qui gémissent et se désespèrent, et prouver qu'il y a un Dieu bon, en vous constituant la providence de tous ceux qui souffrent!

Vous, chers jeunes gens, qui êtes à l'aurore de votre vie, dans la splendeur de vos vingt ans, accomplissez sur vous ce travail que le Père a si admirablement décrit en parlant d'Henri Perreyve, je veux dire la transformation du courage et de l'amour, la transfiguration évangélique de la volonté et du cœur. Ne vous laissez pas rétrécir et étouffer par les préoccupations stériles de l'ambition et de la cupidité. Ne dispersez pas, dans les joies fausses qui mènent si vite aux irréparables tristesses, ces forces principales de la vie qu'il faut appliquer aux progrès du royaume de Dieu. Ayez ces grands élans d'âme que, par une dialectique encore meilleure que celle de Platon, le Père nous persuadait de transporter du monde idéal de la philosophie au monde pratique des efforts personnels et des sérieuses vertus! Vous entendrez toujours assez de voix perfides qui vous persuaderont de descendre! Écoutez en cet instant la voix de notre invisible ami qui vous crie de monter plus haut! *Amice, ascende superius!*

Puis à tous, à vous comme à moi, je veux redire ces paroles que je trouve à la fin du livre sur Henri Perreyve :

« O amis! efforçons-nous par la prière, par
« le recueillement, par la vraie vie du fond de
« l'âme, d'apprendre à vivre avec ceux qui sont
« dans le ciel, dans ce monde où l'on est en-
« semble! »

Et encore :

« Devenons grands dans notre humilité, en
« prenant le grand cœur, les grandes pensées
« des glorieux aînés qui sont morts, ou, pour

« mieux dire, prenons le cœur de Dieu et les
« pensées de Dieu qui seul est tout en tous ! »

Et maintenant, je vais achever le mystérieux sacrifice de nos autels !

Dans quelques instants, Notre-Seigneur Jésus-Christ, présent et caché, sera descendu dans l'hostie du salut !

Le prêtre embrassera dans une prière sublime toutes les parties de l'Église universelle, de la grande assemblée des âmes unies entre elles et avec Dieu, et celle qui combat encore sur la terre, et celle qui souffre dans le lieu des expiations, et celle qui jouit de la lumière et de la paix ; puis il redira les paroles dictées par le Sauveur lui-même à ses apôtres :

« Que votre règne arrive, que votre volonté
« soit faite en la terre comme au ciel ! »

O chrétiens ! ô mes frères bien-aimés ! vous direz cette prière avec moi ; vous la direz avec lui. Oui, avec lui, car, en vérité, son âme nous touche et n'est séparée de nous que « par un « voile semi-transparent. »

Peut-être alors, dans cette union de nos prières avec la sienne (et ici je me tais pour le laisser parler) : « sentirons-nous son cœur tres« saillir dans le nôtre, comme nous le sentions « ici-bas, mieux encore! et nous attirer, par « l'infinie bonté du Père, à ce royaume de « l'amour! » où, vous vous le rappelez, il nous a donné le définitif, l'éternel rendez-vous!

Ainsi soit-il!

ŒUVRES DU P. GRATRY

PRÊTRE DE L'ORATOIRE, PROFESSEUR DE THÉOLOGIE MORALE A LA SORBONNE
ET MEMBRE DE L'ACADÉMIE FRANÇAISE.

La Connaissance de Dieu. 7ᵉ édition. 2 vol. in-8°. 12 fr.
La Connaissance de l'âme. 2 vol. in-8° . . . . . 12 fr.
La Logique. 2 vol. in-8° . . . . 12 fr.
Le même ouvrage. 2 vol. in-12. . . . . 7 fr. 50
Les Sophistes et la Critique, méthode préventive contre les erreurs philosophiques et religieuses contemporaines. 1 vol. in-8°. 6 fr.
Une Étude sur la Sophistique contemporaine, ou lettre à M. Vacherot, avec la réponse de M. Vacherot et la réplique du P. Gratry. 1 vol. in-8°. . . . . 5 fr.
Le même ouvrage. 1 vol. in-12. . . . . 3 fr.
Lettres sur la Religion. 1 vol. in-8°. . . . . . . 3 fr.
— 1 vol. in-12. . . . . 3 fr.
Le Mois de Marie. 4ᵉ édition. 1 vol. in-18 . . . 2 fr. 50
Les Sources. Première partie : CONSEILS POUR LA CONDUITE DE L'ESPRIT. 1 vol. in-18. . . . . 2 fr.
Les Sources. Deuxième partie : LE PREMIER ET LE DERNIER LIVRE DE LA SCIENCE DU DEVOIR. 1 vol. in-18. . 1 fr. 50
La Philosophie du Credo. 1 vol. in-8°. . . . . . 5 fr.
Le même ouvrage. 1 vol. in-12. . . . . 2 fr. 50
Petit Manuel de Critique (extrait des *Sophistes de la Critique*). 1 vol. in-18 . . . . 1 fr. 50
Crise de la foi, trois conférences philosophiques à Saint-Étienne-du-Mont, 1863. 1 vol. in-18 . . . . 1 fr. 50
La Morale et la Loi de l'histoire. 2 vol. in-8°. . 12 fr.
Le même ouvrage. 2 vol. in-12. . . . . 7 fr. 50
Commentaire sur l'Évangile selon saint Matthieu, 2 vol. in-8°. 8 fr.
Henry Perreyve. 4ᵉ édition. 1 vol. in-18. . . . . 2 fr. 50

OUVRAGES ET DISCOURS DU P. AD. PERRAUD.

Le P. Gratry, ses derniers jours, son testament spirituel, un beau vol. in-8°. . . . . 1 fr. 50
Les Paroles de l'heure présente, discours prononcés en 1870 et 1871, 3ᵉ édition, un vol. in-18. . . . 3 fr. 50
Les Blessures de la France, discours prononcé le 25 février 1872, en faveur de la Société de secours aux paysans français ruinés par la guerre. . . . . 1 fr.
Panégyrique de Jeanne d'Arc, prêché dans la cathédrale d'Orléans, le 8 mai 1872. . . . . 1 fr.
Le Christianisme et l'Ouvrier, discours prononcé en faveur de l'Œuvre du patronage des apprentis. . . . . . 1 fr.
La Crise protestante et la Crise catholique en 1872. 1 fr.
Les Litanies des saints de France, prières pour la France (approuvées par Mgr Guibert, archevêque de Paris, et par vingt-quatre archevêques et évêques), un petit vol. in-32, 3ᵉ édition. . . . . 30 cent.
Les Saintes françaises, broch. in-8°, 2ᵉ édit. . 50 cent.
Études sur l'Irlande contemporaine, précédées d'une lettre de Mgr l'évêque d'Orléans, deux beaux vol. in-8°. . 12 fr.
L'Oratoire de France au XVIIᵉ et au XIXᵉ siècle, un vol. in-8°. . . . . 5 fr.
 Un vol. in-12 . . . . 3 fr. 50
Discours sur l'histoire de l'Église. (Épuisé.)
Notice biographique sur l'abbé Cambier, ancien élève de l'École normale et du grand séminaire d'Orléans, mort missionnaire en Chine . . . . 1 fr.
Éloge funèbre du général Zamoyski. . . . . . 1 fr.
Le Comte de Montalembert. . . . . 1 fr.
Oraison funèbre du P. Captier, prononcée à Arcueil le 3 juillet 1871. . . . . 1 fr. 50
Oraison funèbre de Mgr Darboy, prononcée à Notre-Dame de Paris, le 18 juillet 1871 . . . . 1 fr. 50
Révolution et Persécution en Pologne, sermon de charité en faveur des religieuses Féliciennes de Pologne. 50 cent.
L'Orient, ses grandeurs, sa décadence, son avenir, discours prononcé en faveur de l'Œuvre des écoles d'Orient. 1 fr.
L'Impartialité historique, conférence faite à la Sorbonne. . . . . 50 cent.
Kaulbach et le siècle de la Réforme, conférence faite à la Sorbonne . . . . 1 fr.
Pauvreté et Misère, discours prononcé en faveur des pauvres de Montrouge . . . . 1 fr.

(Se trouvent à Paris, aux librairies Douniol, 29, rue de Tournon, et A. Le Clère, 29, rue Cassette.)

Paris. — Typ. G. Chamerot, rue des Sts Pères, 19.

www.ingramcontent.com/pod-product-compliance
Lightning Source LLC
Chambersburg PA
CBHW061006050426
42453CB00009B/1288

VOCABULAIRE DES MOTS D'ORIGINE EUROPÉENNE

PRÉSENTEMENT USITÉS
DANS LA LANGUE MALGACHE

PAR

ARISTIDE MARRE

Ancien Professeur de malais, javanais et malgache
à l'École spéciale des Langues Orientales vivantes,
Initiateur de l'étude du malgache en France

CHALON-SUR-SAONE
IMPRIMERIE E. BERTRAND
5, Rue des Tonneliers, 5

1900

VOCABULAIRE
DES
MOTS D'ORIGINE EUROPÉENNE
PRÉSENTEMENT USITÉS
DANS LA LANGUE MALGACHE

PAR

ARISTIDE MARRE

Ancien Professeur de malais, javanais et malgache
à l'École spéciale des Langues Orientales vivantes,
Initiateur de l'étude du malgache en France

CHALON-SUR-SAONE
IMPRIMERIE E. BERTRAND
5, Rue des Tonneliers, 5

1909

Souvenir affectueux à mes jeunes amis Malgaches !

Aristide MARRE.

Vaucresson, près Versailles, le 15 Octobre 1909.

INTRODUCTION

Dans les langues d'Europe, on rencontre beaucoup de mots où des consonnes se suivent, juxtaposées, formant ainsi des articulations complexes plus ou moins difficiles à prononcer.

Il n'en est pas de même dans la langue douce et harmonieuse des Malgaches. Grâce à l'intercalation de voyelles entre les consonnes, la prononciation des mots est rendue plus facile et plus euphonique.

Il n'y a guère que les syllabes :

tra, tré, try, tro,
tsa, tsé, tsy, tso,

qui renferment deux consonnes de suite, sans voyelle intercalée.

Rappelons en passant que l'alphabet actuel à l'usage des Malgaches est pareil au nôtre, mais n'admet pas les lettres *c, q, u, x*.

Ajoutons que la voyelle *e* n'est jamais muette, que le *g* est toujours dur, que *j* se prononce généralement *dz*, et enfin que la consonne *n* a souvent le son nasal et guttural du *nga* malais, et se prononce alors à peu près comme le *ng* final des mots anglais *song, young*, etc.

Aristide MARRE.

VOCABULAIRE
des mots d'Origine Européenne présentement usités dans la langue malgache

A

Abilativa (ablatif) : Teny giraméry latina.

Adiresy (adresse) : Anarany sy fonenana olona ambony taratasy ozoïna.

Adisaony (addition) : Fanisana; Fanisahana.

Adiverba (adverbe) : Teny giraméry anampy ny verba; Teny asosoka ny teny milaza ny manao.

Agironomia (agronomie) : Fahalalam-pamboliana.

Ajekitiva (adjectif) : Teny giraméry anampy ny naona hamaritra ny haviny toy ny hoe : tsara, ratsy, lava, fohy.

Akadémia (académie) : Havorian' olonkendry miray hevitra hampandroso ny fahaizan' javatra.

Akisentra (accent) : Tendrintsoratra; marika milaza ny vaki-teny izay tokony hotononina mafy toy izao ('); feo avo na mafy.

Akisióma (axiôme) : To hita mazava; Zavatra hita ho marina ka hekena aloha vao mandahakevitra.

Akitiva (actif) : Teny giraméry feon' ny verba ; teny milaza ny manao ; ny nominativa no mpanao izay lazain' ny verba akitiva.

Akosativa (accusatif) : Teny giraméry latina, zavatra iharan' ny lazain' ny verba.

Akositika (acoustique) : Ny fianáran' eno.

Alambika (alambic) : Fitavañana ; Fanavañana.

Alifabety (alphabet) : Ny litera ziaby ; taratasy fianáran' tsóratra.

Alijebra (algèbre) : Añaram-pañisána malak' ôhatra ny habôsan' draha.

Alimanáka (almanach) : Taratasy misy fañisana ny volana sy ny andro.

Alimoára (armoire) : Vatra mitsángana.

Aloésy (aloès) : Añaran' kazo toy ny váhona.

Alokóla (alcool) : Fótotry ny toaka.

Amifiby (amphibie) : Sady vélona an' drano ; vélona antety, toy ny mamba.

Amiraly (amiral) : Mpifehy' ntsambo mpiady maro.

Amoniaka (ammoniaque) : Añaran' tsira fañala hamo.

Analizy (analyse) : Fanaratsaráhana ny fotondraha ; Ny fampisarahana ny zavatra.

Anatomy (anatomie) : Ny fahalalána ny tenan' ny olona ; Fanapatapáhana ny fatindraha, ndre olona ndre biby, hizaha ny fombany.

Anatomikály (anatomique) : Momba ny anatomy'.

Angázy (engagé) : Mpilóka hanao, mala-pondro.

Angoláry (angulaire) : Manan-jóro ; manan-taherin' ny angolo.

Angólo (angle) : Zoro ; rirany.

Animály (animal) : Biby ; fomban'ny zava-manan'aina.

Aodivy (eau-de-vie) : Rano mafána ; tóaka ; barandy.

Aoranjy (orange) : Voasary mamy ; voantsoha mamy.

Aoranjiry (orangerie) : Voli-mboasarimamy.

Aotomobily (automobile) : Trano mandeha amy ny fófona.

Apositrofy (apostrophe) : Tebo-tsòritra fanesórana soratra vakifeo toy izao(')

Apótra (apôtre) : Anaran-dreo fololahy roy amby nofidiny i Jezo-Kry.

Ara (are) : Tokotany efa-joro alaina ôhatra haneranana ny tany.

Arikeolozy (archéologie) : Ny fahalalána ny zavatra ela natao ny ontaólo, na trano na sarin'olona na sokitra.

Arisenaly (arsenal) : Trano fanaovam-piadivána ; Trano ny fiadivána.

Ariseniko (arsenic) : Mineraly mahafaty.

Aritera (artère) : Ny ôzatra mitondra ny ra avy amy ny fo hiely amy ny vatana ziaby. Lalan'dra alehan' ny ra avy amy ny fo.

Ariticolo (article) : Teny giraméry apetraka eo alohan' ny naona hanondro azy.

Aritiléry (artillerie) : Ny tafondro maro' ndraka ny Závatra maro fomba azy ; Ny fomba ny tafondro.

Aritimetika (arithmétique) : Fahalalan'isa ; Fañisana.

Asidra (acide) : Ny zavatra izay maha neotraly ny alikaly.

Asifalita (asphalte) : A'naran' ditin-tany.

Asitrolaby (astrolabe) : Zavatra fañohárana ny halavirany ny anakintana.

Asitrolosy (astrologie) : Fitetezam-bintana ; Sikidy amy ny anakintana andraina.

Asitronomia (astronomie) : Fahalalána ny kintana.

Atimosifera (atmosphère) : Ny tontalin'ny rivotra manodidina ny tany.

Atomy (atôme) : Závatra madinika indrindra tsy azo zaraina intsony.

Atonára (entonnoir) : Loha voatavo fañidinan-drano amy ny závatra kely hirika.

Avizo (aviso) : Sambo maivana mitondra teny.

Azóty (azote) : Teny simia ; Gazy tsy mampiaina.

B

Bà (bas) : Saronkógotra ; Foñom-bity.

Bála (balle) : Kiboribory ; Taboribory.

Balóna (ballon) : Trano lay miákatra an' atimosifera ; Kitapo lehibe feno gazy miákatra amy ny rivotra.

Baóty (bottes) : Kiraro abo.

Bárany (barre) : Sákana ; Fanamory.

Barika (barrique) : Vatra boribory holok' aty.

— 9 —

Barometra (baromètre) : Fizahana ny vesatry ny rivotra ; Zavatra fañohárana ny havesárany ny atimosifera sy ny fiova' ny.

Batáta (patate) : Vomanga.

Batery (batterie) : Rova misy tafondro.

Batisa (baptême) : Fanasána masina amy ny rano mahadio.

Bató (bateau) : Lakam-be ; Sambo kely.

Bazilika (basilique) : Egilizy be no tsara.

Bénoára (bois noir, ébène) : Hazo mainty ; Hazo-árina.

Béritélo (bretelles) : Tady tsy mahalátsaka sikina.

Bibliotéka (bibliothèque) : Tráno famoriam-taratasy ; Talatala fanangánan-taratasy.

Biboly (bible) : Ny sóratra masina.

Biéry ; Ranobiéry (bière) : Zavatra finomina be vóry.

Biogiráfy (biographie) : Filazána ny havelomany ny olona.

Birika (brique) : Tongon tongon tany ; Pakontany másaka.

Bisikoitra (biscuit) : Mofo mafy atao amy ny farina.

Boé ; Bohé (bouée) : Zavatra he taboribory mitsingáfona ambóny rano ho famantárana.

Bómba (bombe) : Balabala-ntafondro lehibe holok'aty fasiam-banja.

Borídy (bride) : Tady ho manatitra sovaly.

Borigédry (brigade) : Toko ny miaramila.

Borika; Boriki (âne, ânesse, bourrique) : Ampondra.

Borizány (bourgeois) : Tambohitra; Tompontraño.

Bórodaó (broderie) : Hirijy; Zai-pehy.

Boroéty (brouette) : Sarety aroso amy ny tañana.

Borósy (brosse) : Kifafa; Famafa.

Bosóla (boussole) : Famantàrana ny aváratra; zavatra mihetsiketsika mañaváratra.

Botanika (botanique) : Ny fahaizana ny závatra maniry, na hazo, na ahitra.

Boty; Bótrana (bouton) : Bokitra; Bokotra.

Bóve (bouvet) : Vánkoña fangadiana lakandàkana.

Bózy (bougie) : Jiro; Fañilóvana.

D

Dáboléra (doublure) : Lamba anaty ny; Sòsony sikina.

Damá (damas) : Lamba matify sy hamy voapásoka.

Dámizána (dame-jeanne) : Tavohangy be.

Dánisé (danser) : Mandihy; Mitsinjaka.

Dantely (dentelle) : Tenon-kely matsiratsiraka.

Dará (drap) : Lamba volon'ondry.

Dé (dé) : Loha-tondro fanjairana; Loha-tsifa.

Dégiré (degré) : Holáfatra; Añaram-pizarana ny sirikily.

Dekágiráma (décagramme) : Girama folo.

Dekagóna (décagone) : Folo-rirana; folo-ampisany.

Dekálitra (décalitre) : Litra folo.

Dekálògo (décalogue) : Ny malo folo ny Zanahary; ny didy folo.

Dekámétra (décamètre); Metra folo.

Dekásitéra (décastère) : Sitéra folo.

Demóny (démon) : Anga-dratsy ; Lolo ratsy.

Demoniáka (démoniaque) : Olona azon'ny demony ; Olona saforan-dolo.

Dénominátra (dénominateur) : Ny marika ambany amy firasiona izay milaza fa zaraina na firy na firy ny isa tsivaky.

Désigirama (décigramme) : Ampahafolo ny girama.

Désilitra (décilitre) : Ampahafolo ny litra.

Désimétra (décimètre) : Ampahafolo ny métra.

Desisitéra (décistère) : Ampahafolo ny sitéra.

Diagonála (diagonale) : Tsipika anelan-elan'ny angolo roa mifanalavitra amy ny figora efa-joro.

Diamanty (diamant) : Vato mahery mangarangárana ka saro-bidy indrindra; Lohavony ny vato ziaby.

Diamétra (diamètre) : Tsipika mahitsy izay mamaky ny afovoan'ny boribory ; Soritra mamaky mira fari-bory.

Dikisionary (dictionnaire) : Taratasy fivoriany ny vólana ziaby.

Dimántsy (dimanche) : Alahady ; Andro ny Zanahary.

Diminótiva (diminutif) : Teny mpanakely.

Dipelomasia (diplomatie) : Fahalalána ny fitondrána ny fanjakana ; ny fitondrám panjakana ; Raharaha-mpanjakana.

Dísantery (dysenterie) : Aretin-kibo mampangery ra.

Divay (vin) : Ranomboalóboka ; Ranomboalómbona.

Doana; Doány (douane) : Trano fandraisam padintseranana ; Trano fandoávana tsimirango.

Domésitika (domestique) : Mpanompo ; Ankizy.

E

Edékan (Aide-de-camp) : Zofisy mpitahy ny Jeneraly.

Egilizy (église) : Trano fijoroana.

Ekéra (équerre) : Eram-pamorisana.

Ekoly, Lekoly (école) : Trano fampianárana,

Elasitika (élastique) : Misinkérotra ; Mora rorótina.

Elementa (élément) : Ny fótotry ny zavatra.

Elifanta (éléphant) : Anaram-biby lehibe indrindra mahitsi-fanaovan'draha amy ny órona ny.

Elikitrika (électrique) : Feno elikitrisity ; momba ny elikitrisity.

Elikitrisity (électricité) : Ny hery anaty ny vatandraha mampiterak' afo azy laha rokodrokotina, va mahatárika ny raha.

Elipisy (ellipse) : Zavatra boribory lava.

Empelástra (emplâtre) : Fesan'aody ; Fanafody apétaka.

Endémika (endémique) : Aretina mahazo ny tany.

Enisikolopédy (encyclopédie) : Ny havoriany ny

fahalalána sy ny fahaizany ny zavatra ziaby rehetra.

Epidémia (épidémie) : Aretina manafotra tany; Aretina mamely olona maro amy ny iray mandeha.

Epidémika (épidémique) : Misy epidémia.

Epilépisy (épilepsie) : Aretin'ambo.

Epilepitika (épileptique) : Mora azon' ambo.

Episy (épices) : Hazo manitra va zavatra manitra aharoharo hánina, karaha ny pilipily, ny laro, ny kafé, ny siramamy, ny ravintsara.

Epitra (épitre) : Taratásy iráhina amy ny olona.

Etimolozy (étymologie) : Fihaviany ny teny; Fótotry ny volana.

Evánjilisitra (évangéliste) : Ny mpanambara evanjily.

Evanjily (évangile) : Ny fanambarány ny Jezo-Kry.

F

Fanála (fanal) : Fanazáva anaty fitáratra.

Faramakopia (pharmacopée) : Milaza ny amy ny fanaovam-panafody.

Faramasia (pharmacie) : Fikopóhan' aody; Tranon' aody.

Faràntsa (France) : Tany Farántsy.

Farántsy (Français) : Olona ny Farántsa.

Farina (farine) : Koba-mbarimbazaha.

Féminina (féminin) : Teny giraméry : fahavaviana.

Féty (fête) : Andro fandazan-draha; andro másina. Andro-féty.

— 14 —

Fetosy (fœtus) : Zánaka-mbola am-bótraka.

Fibera (fibre) : Ozatra madini-dinika amy ny vátana.

Filanelina (flanelle) : Bodofótsy.

Filanterópy (philantropie) : Ny fitiavan' olona; Fiantrána olona.

Filoida (fluide) : Zavatra manana ny toe-drano na ny toe-gazy.

Filolózy (philologie) : Fandinihana ny toa-teny.

Filosófy (philosophie) : Ny fahalalána ni foto jávatra sy ny rántsany; ny fahalalána ny fombany ny zavatra.

Firasiona (fraction) : Tenin' aritimetika; isa kelikely ny raiky.

Fizika (physique) : Ny fahalalána ny vatan'javatra sy ny fombány ny vatan-jávatra.

Fizily; Fizio (fusil) : Basy; Ampingáratra.

Fiziolozy (physiologie) : Ny filazany ny fiaiñan-jávatra.

Fizionomy (physionomie) : Toetry ny sora n'olona; tarehy n'tava n'olona.

Folakóho (flacon) : Tavohangy takófana pamaka.

Fórisépisy (forceps) : Teny sirojy; zavatra fanaóvana fitérahana.

Foromazy (fromage) : Ronono mandry; Volavola'ndronono mandry.

Foromola (formule) : Fataombólana; Taratasy milaza ny teny tókony haráhina.

Forosety (fourchette) : Fitrébika fihinánana.

Fosa (fossé) : Lávaka; Fásana.

Fósifòry (phosphore) : Závatra mora miréhitra; Zavatra mora aréhitry ny rivotra.

Fósifòrika (phosphorique) : Aforáno; Asidra fósifórika.

G

Gá (gants) : Saron-tañana.

Gabiéry (gabier) : Baharia mpiámbina ny koféhy añabo ny falázy.

Galy (gale) : Hátina ; Kizavo.

Galóna (galon) : Rongo.

Gaméla (gamelle) : Finga imbòñana ; Lovia fihinanana.

Gangliona (ganglion) : Tamboavoa ; Voa maniry amy ny òzatra.

Gaófera (gaufre) : Mofo mamy manify indrindra.

Gaótra (goutte) : Aretin'ny famavana ; aretin'amy ny fañandriana.

Gàrinizòny (garnison) : Ny miaramila mpiambina tanána.

Gazéty (gazette) : Ravin-taratasy milaza ny kabary ny tany ho fantatry ny vahóaka.

Gázy (gaz) : Fofon-jávatra mora miréhitra.

Géridóny (guéridon) : Tábatra kely boribory tokambity.

Gerity (guérite) : Trano kely fialófana ny tilitily manókana.

— 16 —

Gilanda (glande) : Vihiny ny vatan'olona.

Gilóby (globe) : Taboribory-mavòny.

Giráma (gramme) : Vatomizána madinika.

Giraméry (grammaire) : Taratasy fianárana ny hahitsiam-bolana ; Fianárana hankahitsy teny; Ny fahendrena izay mampianatra antsika mba hiteny sy hanoratra mahitsy.

Girandiné (grand diner) : Fihinánana be ipetráhan' olombe maro.

Giravity (gravité) : Havesárana.

Girika (grec) : Ny mponina any Giresy.

Girinády (grenade) : Anaram-boankazo tsara amy vony mena.

Gitára (guitare) : Jejy-mbazaha toy valiha.

Góbilé (gobelet) : Kapóaka finomana.

Golefa (golfe) : Hory be ; Ranomasina mitsopaka ao anelanelan'ny tany.

Gorométy (gourmette) : Rojo-vy ambány ny saoka ny sóvaly.

Govérinémenta (gouvernement) : Fanapáhana tany; Fitondran-draharaha.

Govérinóra (gouverneur) : Mpanápaka tany.

Gozy (gouge) : Fándraka fisitriana.

H

Hekitára (hectare) : Tany efa-joro misy ára záto.

Hekitogiráma (hectogramme) ; Zato giráma ; ny lanja ny zato giráma.

Hekitolitra (hectolitre) : Zato litra ; ny vatra ny zato litra.

Hekitométra (hectomètre) : Zato metra ; ny halavana ny zato metra.

Heretika (hérétique) : Olona diso finóana.

Hidirolika (hydraulique) : Fahaizan'kitari drano anabo.

Hidirometra (hydromètre) : Zavatra fanohárana ny havesárany ny rano.

Hidirozény (hydrogène) : Gazy tsioka mora mihevitra.

Higirométra (hygromètre) : Zavatra fanohárana ny havesárany ny tsioka fiaiñana.

Hipoténosa (hypothénuse) : Teny jeometery : Ny rirana abóbe telo zoro mahitsy.

Hisitoria (histoire) : Tantara marina ; Filazána ny nataon' olona va ny závatra tonga an-tany.

Hisitorika (historique) : Momba ny hisitoria.

Hiziény (hygiène) : Fahalalána ny tsy mankaráry.

Hópitaly (hôpital) : Traño fitsabóana ny marary.

Horosokopy (horoscope) : Fisikidiana ny vintany ny andro niveloman' olona.

Hosipisy (hospice) : Traño fitarimiana ny malahelo.

I

Impérativa (impératif) : Teny giraméry ; Ny moda mandidy, ho mañiraka olona hanao závatra.

Indolizénsy (indulgence) : Tsy fankalilována ; Hamoram' panahy tsy mankalilo.

Interijekisiona (interjection) : Teny giraméry. Teny tononina raha misy mampihatsika ny saina, toy o ! endre ! ha ! ma !

Intransitiva (intransitif) : Teny giraméry ; Filazana ny verba ; milaza toetra na atao izay tsy mihatra amy ny hafa.

Ismy (isthme) : Teny jeogirafy ; Tany madilana antsefan-drano.

Ivory (ivoire) : Tandroky ny elifanta.

J

Jendéra (genre) : Teny giraméry. Teny milaza na lahy, na vavy, na tsy manan' aina ny zavatra lazaina.

Jénéalózy (généalogie) : Filazána ny rázana ; Tetézana ny rázana.

Jénerály (général) : Talé ny tafika ; Mpifehy miaramila maro indrindra.

Jéogirafy (géographie) : Filazána ny firasány ny tany ; Fanorátana ny tany.

Jéolozy (géologie) : Filazána ny tena ny tany sy ny sóra ny sy ny fombany.

Jéománisy (géomancie) : Fisikidiana.

Jéometéry (géométrie) : Fanerahana ny hatahirany ny tany.

Jika (gigue) : Dihy ravo ; Tsinja-drávo.

Jodey ; Jody (Juif) :

Jornaly (journal) : Taratasy ny mpivárotra milaza ny lafo ny isan' ándro; Taratasy milaza ny atao isan' ándro.

K

Kabélogirama (câblogramme): Telegirama mandeha ambány ranomásina.

Kábily (câble) : Tadi-be fandrohizana ny sambo va ny andrisa.

Kadéna (cadenas) : Hidy; Gadra.

Kádó (cadeau) : Fanomezana.

Kafé (café) : Anaram-boankazo floróana, hatao rano finomina.

Káfitéra (cafetière) : Fitavanana kafé.

Kálafa (calfat) : Mpitsipika sambo.

Kálafáty (calfatage) : Famodiam-bondro.

Kálendéra (calendrier) : Taratasy fanisana ny vólana sy ny andro; Taratasy misy filaharan'ny taona sy ny vólana sy ny andro lehibe.

Kalesy (calèche) : Vatra tsara ambony tangérina mandéha.

Kaly (cale) : Ny róana ny sambo.

Kálisaóna (caleçon) : Hefintsikina ambony ny pátalóa.

Kalivéry (calvaire) : Bongo hely misy hazo misakany ny Jezo-Kry.

Kanály (canal) : Hadindrano; Lakandrano.

Kanony (canon) : Tafondro.

Kanoty (canot) : Lakan'kely; Lokaloka.

Kantony (canton) : Tokotány maro tanăna; Fizarantany.

Kantséra (cancer) : Bay mangady; Arétina mihady.

Káositika (caustique) : Mahóro nofo; Mahalany nofo.

Kapilara (capillaire) : Añaran'ahitra madinika toy ny volon' doha.

Kapisily (capsule) : Vato-afo varahina.

Kápitény (capitaine) : Talé; Mpifehy miaramila.

Kapóty (capote) : Sakónoka.

Kárabina (carabine) : Basy fohy.

Karáfa (carafe) : Tavohangy fotsy.

Karaó (carreau) : Vato efa-joro.

Káratra (cartes) : Teny tsilaolao, karitony kely efa joro amy famantarana.

Karavásy (cravache) : Fitsoka; Fitsokazo.

Káravátra (cravate) : Fehivózona; Fehimbózona.

Karitiléjy (cartilage) : Taola malemy; Vololon-taólana; Lengolengo' ntaolana.

Káritóny (carton) : Taratasy matévina hafoño livatra.

Karóty (carotte) : Añazana vahatra tsara hanína.

Kasé (cachet) : Peta-doko; Fametahan-doko.

Kasikety (casquette) : Satroka iva amy vivitra mañáloka maso.

Kasiroly (casserole) : Lovia fañendázana.

Katesizy (catéchisme) : Ny fañañárany ny Jézo-Kry.

Katolika (catholique) : Mino ny fanambarany ny Jézo-Kry.

Kesy (caisse) : Vatra; váta.

Kilarinety (clarinette) : Aujomáry.

Kilásy (classe) : Trano fianárana.

Kilé (clef) : Fañala-hidy.

Kilinika (clinique) : Teny ny fahaizan'ody.

Kilogirama (kilogramme) : Girama arivo.

Kilolitra (kilolitre) : Litra arivo.

Kilométra (kilomètre) : Metra arivo.

Kilositery (kilostère) : Sitery arivo.

Kilosy (cloche) : Famoha mandry.

Kioba (cube) : Vongana enina ampisany mitovy; solida enin-dafy nefa sokera avokoa ny lafiny rehetra.

Kiobika (cubique) : Momba kioba; Manan' endriny na ny toetry ny kioba.

Kirisitaly (cristal) : Vato-sanga.

Kirisitiána (chétien) : Olona manaraka ny fanompóana Zanahary nambara ny Jezo-Kry.

Kisoa; Koso (cochon) : Lambo.

Kódy (code) : Fanangónan-dalána; Taratasy ivoriany ny lalána rehétra.

Kofia (coiffe) : Satroka viavy.

Kolejy; Kolezy (collège) : Trano fivorian-tsaiky hianatra.

Kóly (colle) : Dity; Loko; Pako.

Kolonely (colonel) : Talé rezimenty.

Kolony (colonie) : Tany vao ho azo honénana.

Komandá (commandant) : Talé ny miaramila.

Komédy (comédie) : Laolao fanadiana olona.

Komity (comité) : Olona miara-mitándrina raharaha; olona mivory handénika kabáry.

Komóny (commun) : Maro-manana.

Komóny (commune) : Tanana; Vóhitra.

Kompá (compas) : Sámpana faneránana.

Komparatíva (comparatif) : Teny giraméry, Anaran' ny toetra ny ajekítiva, izay mampitaha ny zavatra roa.

Konfesy (confesse) : Famosána ny ratsy natao-ntena.

Konfirimásiona (confirmation) : Fankaherézana.

Konijonsiona (conjonction) : Teny giraméry; Famehezan' teny toy : sy, fa, raha.

Kono (cône) : Zavatra kitso-loha amy ny vodi-andry sirikily.

Konserto (concert) : Mozika atao n'olona maro.

Konsesiona (concession) : Tany omeny ny mpanjáka ólona.

Konsily (conseil) : Olona fanalam-jery.

Konsoly (consul) : Solo mpanjaka mipetraka amy ny fanjakána n'olon-kafa.

Kontinentra (continent) : Tany be indrindra tsy voazarazara loatra azon'ny ranomasina.

Kópy (copie) : Sóratra nalaina; Sóratra voafindra.

Korisé (corset) : Akanjo-ntratra ho amy ny vavy.

Koroa (croix) : Hazo-fanákana; Tsivalana.

Koróna (couronne) : Fehiloha; Satro-boninahitra.

Koronisy (corniche) : Faritra anabo ny riba.

Koronolózy (chronologie) : Filazána ny závatra natao manáraky ny taona nanaóvana azy.

Kóronométra (chronomètre) : Závatra fanerànana ny andro.

Korosé (crochet) : Fihávitra; Farango.

Kovéra (couvert) : Fanaka fihihánana; Karamaoka fihinánana.

Kozina (cuisine) : Trano fabandróana hánina.

L

Laboratóry (laboratoire) : Trano fiasána; Trano fikopóhana aody.

Lamela (lamelle) : Lelalela; Takela-kelaka.

Lapiny (lapin) : Rabity (de l'anglais rabbit).

Latina (latin) : Fiteny romana taloha

Lavanty, *Vanty* (vente) : Fambidiana; Famidiana; Várotra.

Leopara (léopard) : Biby masiaka miramira amy ny piso misoratsóratra.

Lesity (lest) : Ny vato atao ambány ny sambo fanarémana azy.

Lesona (leçon) : Fianárana; Teny ianárana.

Letatra (lettre) : Sóratra; Taratasy.

Liévatra (lièvre) : Sakavavimpiso maláky milomay.

Ligamenta (ligament) : Ozatra mafy.

Likéra (liqueur) : Tóaka mamy.

Limifa (lymphe) : Ny zavatra mangarangárana toy ny rano añaty ny vatan'olona.

Limifatika (lymphatique) : Misy limifa.

Limonady (limonade) : Rano-mboasary.

Lióna (lion) : Añarany ny mpanjaká ny biby rehetra.

Litany (litanie) : Fijijiána ; Filaharan-dava.

Litera (lettre de l'alphabet) : Marika milaza feo anankiray.

Litra (litre) : Bakoly fañeráñana mira ny desimetra kioba.

Livatra (livre-poids : Giráma dimy zato.

Lóa, lalóa (loi, la loi) : Diditany : Laláña.

Lojika (logique) : Fahaiana adi-jery ; Fianarana fandaharan-kevitra mahîtsy.

Loto (loto) : Laolao amy filana mañisy soratr'isa.

M

Madáma (Madame) : Tompovavy ; Rafotsy ; Andriam-bavy.

Makaróny (macaroni) : Tárika mofo ; Vahi-mofo.

Malaria (malaria) : (Teny italiany) : ny safo tany izay mahaterāka tazo.

Mángazay (magasin) : Trańo fanompían'entana ; Trańo fivarótana.

Mariázy (mariage) : Fanambadiana ; Fivadiana.

Márika (marque) : Famantárana.

Maritery (martyr) : Olona vonoina noho ny finoa

ny Zanahary. Olona nivonoina noho ny tenin'Andriamanitra.

Marosaly (maréchal) : Mpanao kiraro-ntsovaly.

Maroto (marteau) : Tantánana ; Kanonta.

Masekolina (masculin) : Teny giraméry ; Jendera toe-dahy ; Jenderan'ny lehilahy.

Matematika (mathématiques) : Ny fianárana ny amy ny závatra rehetra azo isaina sy ohárina.

Matiló (matelot) : Baharia.

Mátso (marche militaire) : Famindran-dia miaramila.

Mazory (major) : Zofisy mpitam-bola amy ny miaramila ; Zofisy mpanao ody ho any miaramila.

Medaly (médaille) : Lalambaráhina misy sary.

Médikaly (médical) : Momba ny aody ; Momba ny médisina.

Medisina (médecine) : Ny fahaizan'ody ; Fañafody finomina ; Ody sotroina.

Mekanika (mécanique) : Ny fahaizana hanetsika závatra sy hañariñarina azy.

Meridiany (méridien) : Ny sóritra mamaky ny tany ny tápany atsiñanana, ny tápany andréfana ; ny fivakiany ny tany.

Mésa (messe) : Fijoróana ; Fánompóana Zanahary.

Métaly (métal) : Závatra foteféna otry ny vy, ny varáhina, ny vola, ny firaka ; Závatra mafy sady mamirapiratra, toy ny volamena na ny vy.

Métalika (métallique) : Toetra metaly ; Fatao ny metaly.

Métra (mètre) : Erana ny halavana rehetra.

Mikorosokópy (microscope) : Fitáratra mahabe vátana ny závatra taráfana ; Fitáratra fizahána ny závatra madinika indrindra.

Milisy (milice) : Miaramila ; Borizány manao miaramila.

Militera (militaire) : miaramila ; mpiady ; mpanafika.

Minerály (minéral) : Metaly vao halaina amy ny tany ; zavatra hadina amy ny tany, toy ny vatom-by na vatom-barahina.

Mineralozy (minéralogie) : Fianárana ny minerály.

Minisitra (ministre) : Mpitondra raharaha ny tany ; solon-tena ny mpanjaka.

Minitra (minute) : Tapak'andro kitika, ny ampahenim-polo ny ora.

Misionary (missionnaire) : Mpijoro irahina hampiánatra olona ny lálany ny Zanahary.

Mitolozy (mythologie) : Ny filazána ny zavatra tsy to ninoan-dreo antaolo.

Mizena (misaine) : Ny lalazy aloha-loha ny sambo.

Móda (mode) : Teny giraméry ; ny fanaóvany amy ny verba ; Teny enti-milaza ny toe-pilazana ny atao, na ny toetra izay lazain'ny verba.

Mody (mode), *Lamody* (la mode) : Ny fanao ny tany, fisikiny ny tany.

Molé (mulet) : Ampondra zanak'amin'ambintsovaly lahy.

Molekóla (molécule) : Sombina kely indrindra ; sombintsombiny madinika indrindra.

Molekolára (moléculaire) : Momba ny molekola ; biritika indrindra.

Moletipela (multiple) : Isa maro tápany mira.

Molitipilikasiony (multiplication) : Fankamaróana isa.

Moly ; *Molina* (moulin) : Fangariñana.

Mosára ; *Mosoara* (mouchoir) : Famin'delo ; Fanisinan-delo.

Mosé (Monsieur) : Tompoko-lahy.

Mosikolo (muscle) : Ózatra ; ny tady ny vátana.

Mosilina (mousseline) : Lamba matify mangarakáraka.

Mosona (mousson) : Tapataona misy rívotra tsy miova ; Rivotra añy andranomasina misy ántony ny fióvany.

Motaridy (moutarde) : Añaram-boankazo fihinana saiky toy ny sakamalao no ngidiny.

Mozika (musique) : Fañavan-tsoma mañeno.

Mózisena (musicien) : Mahay mózika ; Manao mózika.

N

Nadiry (nadir) : Ny ambány ny tongotrá fa tandrify ny zenity.

Naóna (nom) : Añaram-jávatra ; Teny milaza závatra.

Navé (navet) : Añaram-báhatra fohánina táhaky ny batata.

Nekorolozy (nécrologie) : Filazana ny olombe naty.

Nekoromanesy (nécromancie) : Ny fahaizan-Ko mpiavy ny maty hañontaniana ny ho avy.

Neolozy (néologie) : Teny vao; Volam-bao.

Nerva (nerf) : Ozatra; Tadimbátana.

Nitra (nitre) : Añaran'tsira-njavatra.

Noély (Noël) : Andro nahateráhany i Jezo-Kry.

Nomerasiona (numération) : Fañisána.

Nomératra (numérateur) : Tenin'aritimetika, ny marika ambony amy ny firasiona, izay miláza ny toko na firy na firy izay entina ho firasiona.

Noméro (numéro) : Isa, Soratr'isa.

Nominativa (nominatif) : Teny ny giraméry latina; Naona na zavatra tenenin' ny teny milaza ny tompo ny atao.

Nomisimatika (numismatique) : Ny fahaizana ny medaly ela.

Nositalezy (nostalgie) : Aretina te-hody an-tany nivelómana.

Notrisiona (nutrition) : Fahatanjáhana vátana; Famelómana.

Novisy (novice) : Vao hiánatra sy vao hiditra amy ny námana.

Novisy (novice) : Tsy mbola Zátra.

O

Obozy (obus) : Balabala-ntafondro holok'aty fasiambanja.

Okisidy (oxyde) : Teny ny simia; Teña miharoharo amy ny okisizeny.

Okisizény (oxygène) : Gazy miteraka ny maharikivy.

Onomatopy (onomatopée) : Fanaóvana añarana araky ny feo njavatra; Añaran-draha alaina amy ny eno ny teña ny.

Ontolozy (ontologie) : Fahaizana ny fisiany ny závatra sy ny fótony.

Opitativa (optatif) : Teny giraméry. Moda enti-milaza ny fanirian' ny verba.

Opitika (optique) : Ny fahalalána ny maso sy ny fanavan-java pitaráfana toy ny masolávitra; Ny fahendrena milaza ny amy ny fahitana sy ny mazava.

Ora (heure) : Tapak' andro kely; Ny faharo' amby ny folo amy ny andro-matsaña; Ny tápaka faha-roapolo roy amby amy ny andro.

Oranjy (orange) : Voasary mamy; Voantsoha mamy.

Orbita (orbite) : Ny lálana ombány ny masoandro va ny anakin' tana.

Orotodosy (orthodoxie) : Hamarinany ny zavapinóana; Finóana marina.

Orotogirafy (orthographe) : Fanóratra tsy diso; Tsy hadisoan-tsorátra.

Ositeolozy (ostéologie) : Fahaizana ny taólana sy zavatra momba ny taólana.

Otely (autel) : Talatala masina ; ny tabatra fijoroana.

Otogirafy (autographe) : Sora-tanana.

Otomaty (automate) : Zaka mihetsika ho azy.

Ovaly (ovale) : Miendrik'atody ; Taboribory lava-lava.

Overy (ovaire) : Fitoerany ny atody.

Ovipary (ovipare) : Manatody.

Ozory (usure) : Tombo mbola be loatra.

Ozorye (usurier) : Ny olona izay malaka zana-bola loatra.

P

Painty (pinte) : Anaram-pamaran'drano ; Famaran' drano.

Pajy (page d'un livre) : Ila-takelaka ; Ila'ndravin-taratasy.

Paky (Pâques) : Andro nitambelomany i Jezo-Kry.

Palitao (paletôt) : Akanjo lava ; Sakonoka.

Paosy (poche) : Jamora ; Kitapo.

Papa (Pape) : Ny loha ny katolika ziaby.

Parabola (parabole) : Oha-bolana.

Parady ; Paradizy (paradis) : Ny lanitra itoerany ny olo-masina.

Paragirafy (paragraphe) : Antokon-teny ; Tokom-bolana.

Paralelipipedo (parallélipipède) : Teny jeometery ; Vatana ny fono ny enina paralelogirama.

Páralelo (parallèle) : Sóritra mitovi-halavirana; Tsipika mifanitsy amy ny tovi-ranony anankiray.

Páralelogirama (parallélogramme) : Teny jeometery; Efa-dafy no mifanitsy ny lafiny mifanandrify.

Párasóly (parasol) : Aloka féntina hialófana.

Pariakála (percale) : Lamba matify fotsy.

Pasy, Mipasy (repasser) : Mipasy lamba.

Pásipaoro (passeport) : Taratasy manome lálana; Taratasy manome fahafahana hitsangan-tsangana.

Pasiva (passif) : Teny giraméry; Momba verba vadiky ny verba akitiva.

Patalóa (pantalon) : Saimbo salórana; Akanjo antongotra.

Patanty (patente) : Taratasy manome lalan-kivárotra.

Patolozy (pathologie) : Filazána ny fótony sy ny toetry ny arétina.

Patriárika (patriarche) : Ray; Razana; Razam-be.

Pely, la pely (pelle, la pelle) : Sadró be fánovizan' tany.

Peninsola (péninsule) : Tany saiky nosy; Tánjona; Tsiratany.

Penomatika (pneumatique) : Vi-somalika fanalantsioka; Vi-somalika fitarihana-tsioka.

Pentagóna (pentagone) : Teny jéométry; Poligona manana angolo dimy.

Pentekositra (Pentecôte) : Ny fahadimiam-polo andro fanaraka ny Paky.

Perimetra (périmètre) : Teny jeométry ; Fanodidinana ny poligona.

Peripendikolo (perpendiculaire) : Sóritra mitsangana ; Tsipika mijoro marina.

Perisily (persil) : Anaran'anana.

Pesety (peste) : Arétina mifindra mahafaty maro.

Pésy (pêche) : Anaram-boankazo tsara indrindra.

Pilanétra (planète) : Kintana lehibe taboribory vao hiseho.

Pilaó (plomb) : Firaka mainty ; Trokonengy mainty.

Pilila (pilule) : Fañafody taboribory atao telimoka.

Pilorézy (pleurésie) : Anaran' arétina anaty tratra.

Pilotisy (pilotis) : Orinkazo maro ato halan-trano.

Piramidy (pyramide) : Teny jeométry ; solida amy vody poligonaly sy amy lafiny triangolo.

Pirotékiny (pyrotechnie) : Fahaizana manisy afo amy ny zavatra sandraka amy ny laolao amy ny vanja.

Pisitásy (pistache) : Voanjo-mbazaha.

Pisitó (piston) : Trompetra kely.

Pitipóa (petits-pois) : Lojy kely.

Piziña, Pizy (pigeon) : Voro-mahailala.

Poavitra (poivre) : Pilipili-mbazaha.

Poély (poêle) : Vilañy talésaka fanendásana.

Poizina (poison) : Ody mahafaty otry ny tangéna.

Polémika (polémique) : Ady amy ny taratasy ; Ady antsóratra.

Poléta (pistolet) : Basi-poleta ; Basy fohy.

Polisy (police) : Malo mampandry tanána ; Mpiambim-bahóaka.

Politika (politique) : Raharaham-panjakana ; Fitondram-panjakana.

Poly (pôle) : Lohantany sy vodin-tany.

Póligona (polygone) : Teny jeométry ; manana angolo maro.

Poligonály (polygonal) : Misy rirána maro.

Pómu, pómy (pomme) : Añaram' boankazo-mbazaha.

Pomády (pommade) : Ménaka fahósotra volondoha ; Mena-mañitra.

Pompa, Pompy (pompe) : Fampakaran-dráno.

Póndy (poudre) : Vanja ho any tafondro sy básy.

Póra (pore) : Ny loadóaka tsy hita maso amy ny hoditra.

Póroselaina (porcelaine) : Tany fotsy mahery fatáo lovia.

Pósesiva (possessif) : Teny giraméry ; Milaza tompon-javatra.

Pósitiva (positif) : ankitiny ; mahato ; Teny giraméry : anaran' ny degire ny adijekitiva milaza-tsotra ny toe-javatra.

Posta, laposta (poste, poste aux lettres) : Trano ny taratasy héntina ; Trano ny tetezan' olona.

Potasy (potasse) : Teny simia ; Sira hazo ; Sira vóndrona.

Prepozisiona (préposition) : Teny giraméry ; Sosobólana milaza ny nanaóvana otry, amy, any. Teny apetraka eo alohan' ny naona na ny pronaona hampiseho izay hevitra ikambanany amy ny teny hafa.

Presy, lapresy (Presse, la Presse) : Fanorátana taratasy amy ny fanerèna.

Prisma (prisme) : Teny ny jeométry; Vátana misy vody roa poligona mira sy paralely, lafiny paralelogirama.

Prismatika (prismatique) : Momba ny prisma; ny ohatra ny toy prisma.

Probilémy (problème) : Závatra mila ho fanta-pótotra.

Profesia (prophétie) : Fanambarána ny zavatra ho avy.

Progirisiona (progression) : Fandrosoana; Fitohitohizana; Fifanaráhana.

Pronaóna (pronom) : Teny giraméry; Asolo ny naona; Teny misolo ny anaran-jávatra.

Proporisiona (proportion) : Teny aritimetika; Fifanaráhana erana.

Protesitántra (protestant) : Olona mandá ny finóany ny katolika; Mpivavaka tsy manaiky ny Papa.

Provinsa (province) : Tokotány be; Firasantány.

Prozódy (prosodie) : Ny fahaizána tonombólana.

R

Rabiny (rabbin) : Mpampiánatra amy ndreo Jodey.

Rabò, Rabóa (rabot) : Vankona fohy ho mankatify hazo.

Radisa (radis) : Añaran' áñana táhaky ny batata.

Redingoty (redingote) : Akanjo lavalava vaki-tratra.

Rejisitra (registre) : Fanorátana ny atao isanandro.

Reliziona (religion) : Fatahorana sy fitiavana ary fanompoana an' Andríamanítra.

Repobilika (république) : Fomba fitondrana ny fanjakana izay misy lehibe voafidin' ny vahóaka.

Rezimenty (régiment) : Iray toko miaramila fehény ny kolonély talé.

Ribá (ruban) : Rongo; Tady fisaka tsara.

Rimo (rime) : Teny mitovy feo amy ny antsa.

Róby (rubis) : Vato soa mena mangarankárana.

Róbo (robe) : Akanjo jolóbaka ny tompovávy.

Roza (rose) : Añaram-boninkazo mendrika izay mamófona tsara.

S

Sabáta (sabbat) : Andro fanoeran' asa amy ny Jodey.

Sábatra (sabre) : Antsiarára; Viarára.

Saka (sac) : Kitápo; Jamóra.

Sakiramenta (sacrement) : Fomba masina nandidiany Jezo-Kry.

Salady (salade) : Felika manta samby hafa tsara hanina.

Saly (châle) : Lombo-tsóroka.

Sálipétra (salpêtre) : Sirantany; Sirandrova-vato.

Salópy (chaloupe) : Lákana be; Zanaky ny sambo.

Santiry (ceinture) : Fehi-kibo; Fehi-ntsikina.

Saófa (sopha) : Fipetráhana lava.

Sapilé (chapelet) : Tohi-fijoróana.

Saréty (charette) : Fiarakodia ; Vatra mandeha misy tangerina.

Sarinéty (serinette) : Vatra maneno fampianáramborona.

Sarivéta (serviette) : Lamba fihinánana.

Sarivy (service de table) : Ny havoriany ny kapila rehetra fihinánana.

Sárizány (sergent) : Miaramila roa voñinahitra.

Sátana (satan) : Ny angá-dratsy.

Savóha ; Savóny (savon) : Zavatra mahasasa lamba.

Sekoltora (sculpteur) : Mpanokitra sarindraha.

Sélery (céleri) : Añaran' añana.

Sely, lasely (selle) : Sampy fipetráhana ambony ny sovaly.

Seminári (séminaire) : Trano fianárana ho mpijoro.

Sény (chêne) : Añarán kazo be indrindra.

Sentiara (centiare) : Ny fahazatony ny ara.

Sentigirama (centigramme) : Ny fahazatony ny girama.

Sentilitra (centilitre) : ny fahazatony ny litra.

Sentimetra (centimètre) : Ny fahazatony ny métra.

Sentisetéra (centistère) : Ny fahazatony ny setéra.

Setéra (stère) : Fañeranana mampira ny metra kioba.

Séza (chaise) : Fikétrakana ; Fipetráhana.

Sy, lasy (scie, la scie) : Randráña.

Sigára (cigare) : Horonam-paraky kely.

Silindra (cylindre) : Teny jeométry ; Vátana mavóny ; Zavatra mavóny.

Simbola (symbole) : Famantarana.

Simenitra (ciment) : Pako-mahadity.

Simia (chimie) : Fahalaláná ny fòtony ny tenanjavatra ; Fahalaláná manokantokana ny fótony vátana miharo.

Siréngy (seringue) : Basirano ; Volo fampiritsihandrano.

Sirikily (cercle) : Faritra boribory.

Sirojy (chirurgie) : Fandidididiana vatan'olona hahasitrana azy.

Siromansia (chiromancie) : Fanavan-tsikidy amy ny tanána zahána òzatra.

Sisitema (système) : Fehian-tsaina ; Zavatra maro mikambana sy milahatra amy ny antony iray.

Sitéra (stère) : metra kioba.

Só (chou) : añaran'añana ; Kabijy ; Kabétra.

Soá (soie) : Landy ; Tenondandy.

Soky (soc) : Ny lela ny fangady fámakian-tany.

Sokolá (chocolat) : Pako ny kakao miharo rononoamy ny siramamy.

Solida (solide) : Teny ny jeométry ; Zavatra mananá vatana, ary misy lavany sy sakany ary hatevina.

Soliféra (soufre) : Tany fóndrana malaky mirehitra.

Sólo (solo) : Teny mozika ; Raiky foana mihira ; antsa ny iraiky.

Somizy (chemise) : Akanjo lóbaka.

Sópa (soupe) : Sosoa vóndraka ; Dobadoba mofo..

Sóperilativa (superlatif) : Teny giraméry ; Ny abo indrindra ; anaran'ny degirén'ny ajekitiva milaza ny be indrindra.

Saponjy (éponge) : Zaka malémy maniry an'dranomásina.

Sorodány (soldat) : Miaramila.

Sosiety (société) : Havorian'olona mifamehy.

Sotána (soutane) : Akanjo jolóbaka ny mpijoro.

Sovaly (cheval) : Soavaly ; Songomby.

T

Tábatéra (tabatière) : Vatra kely fasian-dobáka ; Vatra kely fasian'paraky.

Tábatra (table) : Tapela-kazo ; Fametrahan-kanina.

Taifoida (typhoïde) : Aretina amy tázo mifindra.

Taijeta (targette) : Tsoraby'kely famodiam-baravárana.

Takitika (tactique) : Fahaizana mandáhatra miaramila.

Tambako (tabac) : Paráky ; Lobáka.

Tarify (tarif) : Filazána ny fadintseránana na ny vidy-njavatra.

Té, dité (thé, du thé) : Rano finomina mahalatsaka hánina.

Téatra (théâtre) : Hamarénana filaolaóvana.

— 39 —

Telegirafy (télégraphe) : Závatra mañelañelana milaza ny kabary lavitra; Fampitondrana teny amy ny elekitrisity.

Telegirama (télégramme) : Taratasy milaza ny kabary lavitra amy halakiana helatra.

Télesicopy (télescope) : Maso lávitra mahabe ny zavatra tarafina.

Tendona (tendon) : ny kofehy vitan' ny tela mifibra, izay mampiraikitra ny ozatra amy ny taólana.

Teolózy (théologie) : Fianárana ny závatra amy ny Zanahary.

Téory (théorie) : Fahaizana amy ny jery foana; Fihevérana tsy fanaóvana; Filazana ny fototry ny fahendrena.

Terimométra (thermomètre) : Zavatra fañeránana ny hafanána sy ny nara; Famantaran-kafanána.

Tonazy (tonnage) : Habézany ny sambo; ny erany ny sambo.

Tópa (taupe) : añaram biby miramira amy ny voalavo be mipetraka añaty tany.

Topogiráfy (topographie) : Fanorátana tokotány raiky; Filazána tokotany raiky.

Torobosóa (tire-bouchon) : Fañalan tákotra; Fañalan-tsentsina.

Transitiva (transitif) : Teny giraméry; Verba akitiva mamindra; verba mahavoa.

Trapezy (trapèze) : Teny jeométry; Efatr' ampisany, roa lafy paralelo.

Trazédy (tragédie) : Filazána závatra toa hampididoza ao antraño filaolaóvana; Lalao am-pilanonana milaza loza.

Trépany (trépan) : Fandoahána ny haran-doha; Fandidiana ny taloandoha.

Triangolo (triangle) : Teny jeométry; Telo-zoro.

Tribonaly (tribunal) : Lapa fimalóana.

Trigonométry (trigonométrie) : Ny fañoharana ny triangolo.

Trinitáta (Trinité) : Zanahary raiky olona telo; Olona telo Andriamanitra iray.

Trompétra (trompette) : Antsiva varahina.

Tronga piramidy (tronc de pyramide) : Teny jeométry; Piramidy boloña.

Tropika (tropique) : Ny fanamperan-dia ny masoandro aváratra sy atsimo.

Tsaóka (chaux) : Sokay; Antsoká.

V

Vanily (vanille) : Voam-banily.

Vánty (vente) : Fandafósana; Fivarótana.

Vay, Divay, Veny, Diveny, Divena (vin, du vin) : Ranomboalóboka, Ranomboalómbona.

Vejetaly (végétal) : Ny zava-maniry.

Velaóry, velóry (velours) : Lamba be volo maletry no madoso.

Velosipedy (vélocipède) : Vi-somalika malaky misy tangerina roa.

Vena (veine) : Làlan-dra alehàn'ny ra kankany amy ny fo ; Ózatra fombany ny ra.

Verba (verbe) : Teny giraméry ; Milaza ny manao. Teny enti-milaza zavatra : na ny ataony, na ny atao aminy, na ny fisiany, na ny toeny avy amy ny atao.

Veritébera (vertèbre) : Isany ny taolandamósina mifanohitohy ; Anankiray amy ny taolan'ny hazondamosina ; Isany famavány ny taòlan-damósina.

Veritikály (vertical) : Mitsángana marina ; Mitaovovónana.

Vinegéry (vinaigre) : Divay efa madiro ; Divay maharikivy.

Virijiny (vierge) : Vehivavy tsy azondahy. ; Vehivavy tsy nahay lahy.

Vokativa (vocatif) : Teny giraméry ; milaza ny antsovina va ny irasam-bólana.

Volatila (volatile) : Mora levona ; mora manjary sétroka.

Z

Zaby (habit) : Tafy ; Sikina ; Lamba.

Zandiána (des indiennes) : Lamba sóratra.

Zaridéna (jardin) : Tanimboly mivala ; Tany famboliana.

Zénity (zénith) : Tataovovónana ny ambóny ny lohantsika.

Zepinary (épinards) : Añaran' anana masimásina mahalevon-kánina.

Zépoléta (épaulette) : Závatra voninahitrà an tsoroka miaramila.

Zéporóna (éperon) : Fatsy amy ny kiraro hitrebébana ny sovaly itengénana.

Zerao (zéro) Soratr'isa foana ; Tsinontsinona.

Zilé (gilet) : Akanjo-bory ; Akanjo-tapany ; Akanjo-bolona.

Ziminasitika (gymnastique) : Fianárana havitrihambátana.

Ziminázy (gymnase) : Trano fianaram-bátana.

Zipo (jupe) : Salóvana ; mijolobaka amy ny akanjo.

Zodiaka (zodiaque) : Ny aleha ny masoandro.

Zofisy (officier) : Mpifehy miaramila.

Zoofity (zoophyte) : Karazambiby miramira amy ny ahitra maniry.

Zoolozy (zoologie) : Filazána ny zavatra manan' aina.

Zootomy (zootomie) : Fanatrokatróhana vatám-biby.

Zory (jury) : Ry-asaina hitaino ny ampánga sy ny ampangaina, ka hilaza ny fótony amy ny mpimalo.

VITA.

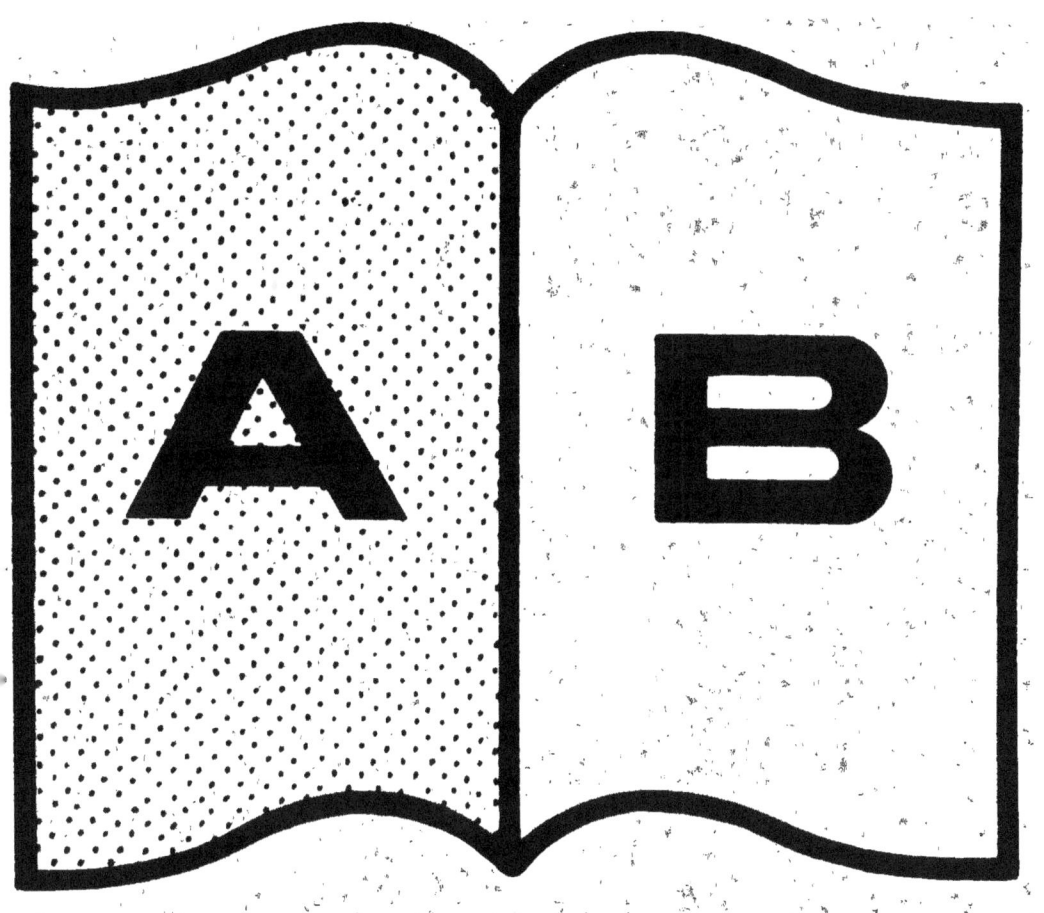

Contraste insuffisant

NF Z 43-120-14

www.ingramcontent.com/pod-product-compliance
Lightning Source LLC
Chambersburg PA
CBHW061006050426
42453CB00009B/1284